NOTICE BIOGRAPHIQUE

SUR

M. L'ABBÉ VÉRON

NOTICE BIOGRAPHIQUE

SUR

M. L'ABBÉ VÉRON

ANCIEN VICAIRE GÉNÉRAL DE PARIS

Ancien Archidiacre de Sainte-Geneviève

MORT CURÉ DE SAINT-VINCENT-DE-PAUL

PARIS

TOLRA ET HATON, LIBRAIRES-ÉDITEURS

68, RUE BONAPARTE, 68

—

1867

Nous accomplissons un devoir qui nous paraît s'imposer à une amitié de trente-cinq ans, en publiant sur M. l'abbé Véron la notice biographique qu'on va lire. Personne mieux que nous, ce semble, ne pouvait exposer sa vie, son action, ses œuvres, ses vraies et intimes pensées. Le clergé de Paris qu'il sut toujours apprécier si justement, qu'il a tant aimé et si utilement servi, ne nous saura point mauvais gré de les lui avoir retracés.

Paris, 5 mars 1867

E. HIRON,

Curé de Saint-Jacques-du-Haut-Pas.

NOTICE BIOGRAPHIQUE

SUR

M. L'ABBÉ VÉRON

———◇◇◇❈◇◇◇———

Monsieur Véron (Paul) naquit à Laval, en janvier 1815. Tout en lui, dès sa plus tendre jeunesse, indiqua la vocation qu'il devait suivre : son unique pensée était déjà celle de l'état ecclésiastique. Sans doute ces attraits du premier âge ne sont pas toujours une marque infaillible, mais ils sont un premier appel de la grâce, l'indice d'une action secrète de Dieu dans le cœur : heureuse l'âme qui comprend ces premières inspirations et qui y est fidèle.

Il commença ses études au collége de Laval, et les continua au collége royal d'Angers. Dans ces deux villes, il se fit remarquer de tous ses camarades par les sentiments les plus vifs de foi et de piété ; par ses exemples et ses paroles il exerçait autour de lui une salutaire influence ; il portait les autres au bien, leur faisait aimer la vertu, et faisait ainsi les premiers essais de son zèle.

Au mois d'octobre 1832, il entra au séminaire du Mans. Il eût pour supérieur, jusqu'au mois de mars 1834, M. Bouvier, qui prit alors comme évêque le gouvernement de l'Eglise du Mans. Monseigneur Bouvier fut remplacé par M. Heurtebise, prêtre vénérable, qui est encore aujourd'hui vicaire général du Mans. M. Véron le choisit pour directeur de sa conscience. Ce fut sous la direction de ces prêtres, aussi savants que pieux, que M. Véron commença son éducation sacerdotale. Bientôt il fut, non sans douleur, obligé de s'en séparer.

Déjà plusieurs fois sa santé, dès-lors éprouvée, l'avait obligé d'interrompre le cours de son séminaire. Enfin, il fut forcé de suspendre entièrement pendant une ou deux années ses études théologiques et de quitter le grand séminaire du Mans.

Condamné au repos, M. Véron sut l'employer d'une manière utile. Il vint à Paris ; là il suivit les cours publics de diverses facultés où il reçut ses grades, et prit en même temps une part active à toutes les œuvres de propagande, de zèle et de charité. Dans ces pieuses occupations, sa vocation loin de se perdre ne fit que s'affermir ; aussi en 1838, sa santé s'étant fortifiée, il songea à reprendre ses études de théologie.

Il se rendit dans ce but à Rome, en même temps que Monseigneur de la Bouillerie, et se fit inscrire parmi les élèves du Collége Romain. En 1839, M. Hiron, avec lequel il était entré au séminaire du Mans en 1832, alla le rejoindre. Après avoir fait au Mans son séminaire, M. Hiron allait continuer à Rome l'étude du droit canon, qu'il avait commencé depuis deux ans à l'Université de Louvain. Au mois de novembre 1839, plusieurs autres jeunes gens vinrent à Rome dans le but d'y commencer ou d'y continuer les études ecclésiastiques : c'étaient M. de Conny, alors diacre et ancien élève du séminaire de Saint-Sulpice; M. Gay, maintenant vicaire-général de Poitiers; M. de Moré de Charreix, du diocèse de Mende, mort depuis quelques années vicaire-général d'Evreux; M. Duval, jeune avocat distingué, du diocèse de Fréjus. Ils se réunirent tous les sept et formèrent ensemble une petite communauté, dont la régularité et la ferveur ne furent pas sans produire une certaine édification à Rome. Ils inaugurèrent cette communauté, le jour de la Toussaint, par une messe célébrée dans l'église du Panthéon, messe dite par M. l'abbé Hiron, alors le seul prêtre de la communauté, et répondue par M. de la Bouillerie. Tous les jours, ces jeunes gens se rendaient ensemble dans la petite église de Sainte-Marthe, sur la place du Collége Romain. Là, M. Hiron célébrait la messe que répondait M. de Conny; après quoi chacun d'eux se rendait à ses leçons et à ses travaux.

M. Véron suivit pendant quatre années les cours de théologie du Collége Romain avec une suite et une régularité justement remarquées de ses professeurs, le P. Perrone et le P. Manera; il termina ses cours en subissant, en 1842, au Collége Romain, l'épreuve du doctorat en théologie avec infiniment de talent et de succès.

En 1842, M. Véron contribua beaucoup avec ses amis, sous la direction du P. de Villefort, de la Compagnie de Jésus, à l'introduction à Rome des conférences de Saint-Vincent-de-Paul. Elles eurent trop peu de temps pour président M. le comte de la Ferronays, ancien ministre des affaires étrangères et ancien ambassadeur à Rome, et pour secrétaire le Mis de Lavradio, ancien ambassadeur de don Miguel à Rome, remplacé plus tard par le comte de Stackelberg, deuxième secrétaire d'ambassade de Russie. M. de

Stackelberg s'était récemment converti au catholicisme, par les soins de Monseigneur Riario, alors camérier secret du Pape Grégoire XVI, et maintenant cardinal-archevêque de Naples. Au mois de juin 1842, M. Véron, ordonné prêtre depuis près d'un an à Saint-Jean-de-Latran, fit, avec M. Hiron, une retraite dans la maison professe du Gesù à Rome, M. Hiron avant de retourner en France, et M Véron avant de partir pour Jérusalem.

Au retour de son voyage en Terre-Sainte, M. Véron trouva à Marseille une lettre de Monseigneur l'évêque du Mans, qui le nommait vicaire à la Trinité de Laval, lui déclarant que dans les circonstances où se trouvait cette paroisse, son ministère comme vicaire lui était absolument nécessaire. Cela contrariait vivement M. Véron qui, d'une part, voyait à Paris deux de ses amis, M. de la Bouillerie et M. Hiron, et de l'autre se rappelant le temps qu'il y avait passé lui-même, et le bien qu'il avait fait dans les œuvres et parmi les jeunes gens, s'y sentait vivement attiré. Cependant il obéit avec empressement aux ordres de son évêque et demeura deux ans environ vicaire à Laval occupant utilement sa vie par la pratique du ministère et par des études suivies. Ces deux années écoulées, Monseigneur Bouvier, fidèle à sa promesse, lui rendit sa liberté. M. Véron en profita pour se rendre à Paris. Monseigneur Affre sut de suite apprécier son zèle et sa capacité et le destina au ministère de la parole. Il lui fit faire à Notre-Dame les prédications dominicales, et, à Saint-Jacques-du-Haut-Pas, des conférences pour les jeunes gens des Ecoles. Il donna aussi quelques retraites à des jeunes gens, retraites qui ne furent pas sans fruit. En 1849, il en prêcha une aux élèves du Petit-Séminaire de Paris : l'onction pénétrante de sa parole, son air de bonté firent sur ces jeunes gens, nous le savons, une profonde impression qui ne s'est point effacée depuis.

En 1849, M. Pététot, nommé curé de Saint-Roch, l'appela dans sa paroisse et l'occupa à la direction des œuvres, notamment de celle des ouvriers et de celle des soldats. Il y resta tout le temps que M. Pététot en demeura curé, et plusieurs années encore sous M. Faudet, actuellement curé de cette paroisse. Attaché au clergé de Paris, M. Véron n'oubliait pas cependant qu'il était enfant de Laval: il contribua efficacement, à cette époque (1855), à l'érection de l'Évêché de Laval dont il fut fait vicaire-général honoraire par son premier évêque, Monseigneur Wicart.

En récompense de son zèle et de son mérite, Monseigneur Sibour, qui d'ailleurs l'avait, en 1850, choisi comme secrétaire de la conférence du *Cas moral*, le nomma chanoine honoraire de l'église métropolitaine, en 1856. Monseigneur Morlot, devenu archevêque de Paris, l'appela, dès le commencement de son administration, à en faire partie avec le titre de promoteur diocésain et bientôt avec celui de vicaire-général.

Dans ces fonctions si difficiles et si délicates, M. Véron fit preuve d'un zèle, d'une activité, d'un dévouement qui lui valurent d'être nommé archidiacre de Saint-Denis, lorsque Monseigneur Darboy fut nommé évêque de Nancy. Tout le monde a pu apprécier, dans ces hautes fonctions, sa valeur exceptionnelle, l'élévation de son esprit, la solidité de ses connaissances. Personne n'a oublié ses belles et fortes instructions dans les installations de curés qu'il eut à faire et dans les visites archidiaconales, l'autorité, la dignité, la majesté de sa parole, tout cet ensemble qui faisait du premier coup sentir en lui l'homme de forte doctrine et de solide savoir.

Le plus beau moment de sa carrière administrative et qui lui fait le plus grand honneur fut les visites archidiaconales ordonnées par Monseigneur l'Archevêque, et qui commencèrent à la fin de janvier 1864. C'est là que M. Véron déploya toutes ses belles qualités, son zèle de missionnaire et d'apôtre, sa fermeté, son aménité et sa bonté dans ses rapports avec les personnes.

Il inaugura ses visites par la paroisse de son ami, M. le curé de Saint-Jacques-du-Haut-Pas. Cette visite porta, comme cela devait être, sur les lieux, les personnes, les choses de la paroisse. Il en visita successivement et sans exception les diverses et nombreuses chapelles, les divers et nombreux établissements tant séculiers que réguliers.

Rien de plus naturel à ses yeux et de mieux justifié pour lui que la visite des Réguliers, du moins de leurs chapelles publiques, et cela même dans leur propre intérêt. Le bruit que l'on a fait à ce sujet n'a été ni prudent, ni habile. On sait, d'ailleurs, sous quelles instigations et dans quel but on l'a fait. C'était, afin par là de prévenir à Paris le renouvellement de ces visites, puis d'empêcher qu'en province, dans les autres diocèses, on ne fut tenté de suivre sous ce rapport l'exemple de Paris.

Toutefois, M. Véron ne fut par là nullement distrait de sa mission ; on ne recule, en effet, et on ne s'arrête que lorsque l'on a tort ou lorsque l'on a peur : or, M. Véron avait raison, et il n'avait point peur. Il marcha donc en avant et continua de s'acquitter de son mandat. Il poursuivit, après comme avant, et il acheva, avec calme, avec mesure et avec fermeté, sûr qu'il était de ses intentions et de ses principes, l'œuvre qu'il avait commencée sous l'impulsion et par les ordres de son Archevêque; et il fit bien. Il n'y a pas plus d'un an, en cours de visite dans la paroisse des Missions-Étrangères, il visita encore deux maisons soi-disant exemptes de cette paroisse.

Les principes qui dirigèrent sa conduite dans la visite des Réguliers ne contredisaient en rien ceux qu'il professa toute sa vie sur l'autorité du Souverain-Pontife. L'exemption, jamais il ne cessa de l'admettre comme l'usage légitime de son autorité souveraine et immédiate sur toute l'Église et dans toutes les Églises; les exemptions qu'invoquaient les Réguliers, il en reconnaissait explicitement l'existence, la convenance et la légitimité. Mais il savait aussi et proclamait hautement les conditions voulues par les Souverains-Pontifes eux-mêmes pour que les Réguliers pussent *en fait* en revendiquer la jouissance et les opposer à l'action de l'Ordinaire. Ces conditions sont tout d'abord que les Réguliers aient une existence légalement et véritablement canonique dans la ville où ils sont établis, et qu'ils aient pour cela préalablement accompli les formalités prescrites dans les Constitutions Apostoliques. Or, c'est ce qui n'avait pas eu lieu à Paris, attendu que l'introduction des Réguliers dans cette ville n'a été, postérieurement du moins au Concordat, précédée, à aucune époque, des solennités de droit requises absolument par les Souverains-Pontifes, et notamment par le Pape Urbain VIII dans sa Constitution *Romanus Pontifex;* et qu'aux termes de ces Constitutions, jamais ni dans aucun temps la prescription ne peut couvrir ce défaut d'origine. Du reste, cette situation des Réguliers n'est pas particulière à Paris; elle est probablement la même dans les autres diocèses de France.

De là résultait pour lui cette conséquence que les Réguliers n'ont et ne peuvent avoir à Paris qu'une existence précaire, et que, si lui vicaire général n'avait point à s'ingérer et ne voulait point s'ingérer dans leur vie commune, dans ses observances, ses lois et tout ce qui s'y rapporte, les individus comme tels, dans leur ministère extérieur et public, ainsi que leur chapelle publique, étaient et devaient demeurer soumis à la juridiction de l'Ordinaire et sujets à sa visite. Ils étaient à ses yeux à peu près dans la situation où se trouvent à Paris des prêtres nombreux excorporés de leur diocèse d'origine, mais non incorporés au diocèse de Paris, et qui cependant y ont rendu de longs et utiles services. Ces prêtres n'ont point, à Paris, d'existence véritablement canonique; mais du chef de leur séjour prolongé dans le diocèse, et des services rendus, ils ont acquis, sinon un droit, du moins un titre qui permettrait difficilement qu'on les trouble dans leur possession, si d'ailleurs ils continuent à reconnaître la juridiction de l'Ordinaire et à observer les lois du diocèse.

C'est, du reste, d'après ces mêmes principes que son ami M. le curé de Saint-Jacques-du-Haut-Pas, notoirement connu aussi par la profession qu'il n'a jamais cessé de faire des doctrines vraiment romaines, a toujours envisagé les Réguliers et continue de les traiter sur sa paroisse.

On pouvait, à la rigueur, discuter, contester cette doctrine, en admettre soi-même une toute différente. Mais il ne pouvait être loyal de supposer à M. Véron et surtout de lui faire professer une doctrine diamétralement opposée à la sienne, doctrine *tout à fait indigne*, celle-là, nous le reconnaissons sans peine, *d'un homme ecclésiastique*, mais qui ne fut jamais celle de M. Véron. N'avait-il pas, d'ailleurs, le 5 février, dans une des maisons régulières visitées sur la paroisse Saint-Jacques, remis sur leur demande aux Religieux un acte écrit et authentique où se trouvaient consignés les principes que nous venons d'exposer? Un pareil acte ne pouvait être fait pour demeurer dans l'ombre. Comment se fait-il qu'il ait pu être ignoré de *ceux* et de *Celui-là* surtout qui le devaient connaître?..... Nous le savons, nous, et, moins occupé que nous ne le sommes maintenant, peut-être un jour le dirons-nous avec détail.

Loin de nous la pensée de vouloir provoquer la polémique et de faire du bruit sur une tombe à peine fermée, mais nous n'avons pu ne pas nous appesantir un peu sur ce grand fait des visites qui est l'un des derniers et le plus culminant de la carrière de M. Véron. Avant de se retirer de l'administration diocésaine, il a eu la consolation de visiter successivement toutes les paroisses de la ville et de la banlieue qui formaient la circonscription de son archidiaconé de Sainte-Geneviève. Il comprenait qu'une œuvre de cette nature, conçue mûrement et publiquement annoncée, ne pouvait rester incomplète et inachevée.

M. Véron ne s'épargnait, dans l'accomplissement de ses devoirs, ni travail, ni peine : les honneurs, il les considéra toujours, non comme une jouissance et un profit, mais comme une charge et un fardeau : *honor, onus,* et un de ses plus beaux titres, c'est qu'entré dans l'Église avec un patrimoine, il le laisse en mourant fort diminué, ayant fait presque toujours, si nous pouvons employer ce mot, dans ses divers ministères, la guerre à ses frais.

C'était une âme élevée, chevaleresque et vraiment sacerdotale, incapable de petites passions, de calculs et de ressentiments; un cœur chaud, généreux et dévoué; il y avait de la race dans son faire, dans son port et ses procédés. Les impétuosités et les soubresauts de son caractère n'étaient certes pas dans sa position sans inconvénient, mais parfois ils n'étaient pas sans avantages : ces élans et ces éruptions d'un cœur droit et d'une conscience honnête pouvaient quelquefois donner à réfléchir, provoquer des retours utiles, ou susciter des remords salutaires. Du reste, personne n'oubliait plus promptement et plus aisément les torts et les injures qui ne s'adressaient qu'à lui. Il ressentait, au contraire, très-vivement les injures et les torts qui s'adressaient à l'Église et à son autorité. Il n'était point habile et il s'en flattait ; il n'ignorait pas que savoir faire ses affaires et, comme on dit, arriver, n'est pas absolument la même chose que faire les affaires de l'Église et la servir utilement. Les habiletés humaines, il savait ce qu'elles valent et ce qu'elles produisent. Elles réussissent parfois et même souvent de notre temps, mais elles ne tardent point, en même temps qu'elles atteignent leur but, à recevoir aussi leur châtiment, soit dans les difficultés inextricables qui se dressent devant ceux qui les ont pratiquées, soit dans l'infécondité, dans la stérilité de leur action.

M. Véron n'eut point la faveur du Pouvoir ; il ne la rechercha point et sut ne la mériter jamais : ses meilleurs amis, le comprirent, l'en félicitèrent et s'en réjouirent toujours pour lui.

Après avoir accompli l'œuvre pénible et pourtant consolante des Visites, ses amis l'engagèrent fortement à entrer dans le ministère des Paroisses qui répondait si bien à ce besoin de se donner et de se dévouer qui avait toujours subsisté dans son cœur : Monseigneur l'Archevêque, cédant enfin aux désirs et aux vœux que M. Véron lui avait souvent exprimés, accepta sa démission de ses fonctions Archidiaconales et le nomma curé de Saint-Vincent-de-Paul. Dans cette circonstance, il lui exprima, en termes non équivoques, toute son estime et toutes ses sympathies. « Ma confiance, lui disait-il, vous suivra dans « votre nouveau poste, et je suis assuré que les qualités « qui faisaient le fidèle et laborieux vicaire-général feront « aussi le curé actif, généreux et dévoué. Je m'applaudis, « d'ailleurs, de pouvoir donner à Messieurs les Curés de

« Paris, en faisant entrer un ancien Grand Vicaire dans
« leurs rangs, un témoignage public de l'estime et de
« l'affection que je ressens pour eux. »

Quelques jours après, Monseigneur Darboy voulut pré-
sider lui-même la cérémonie de son installation, et loua
dans M. Véron « le vicaire-général intelligent et dévoué,
le prêtre pieux, plein de foi et de savoir. »

Les vœux de M. Véron étaient satisfaits : depuis trois
mois qu'il était curé de Saint-Vincent-de-Paul, il se
sentait heureux et à l'aise. Dieu n'a pas permis qu'il
y accomplit tout le bien qui était dans son esprit et dans
son cœur. Il a été enlevé par la mort à l'Église, à ses
paroissiens, à ses amis, le Dimanche 3 Mars, à trois
heures du matin.

Le mardi 5 mars eurent lieu ses obsèques. On y voyait
Monseigneur Buquet, évêque de Parium, Monseigneur
de Conny, MM. les Vicaires-généraux du diocèse, la plu-
part des Curés de Paris, un très-grand nombre de prêtres
et de fidèles. Les ordres Religieux, notamment les Capu-
cins, les Franciscains, les Dominicains, étaient aussi
représentés par plusieurs de leurs membres. On ne sera
point surpris que les Dominicains conduits par le Prieur
du Couvent de Paris, le R. P. Souaillard, s'y trouvassent
en plus grand nombre : M. Véron était membre de la
grande famille Dominicaine ; il avait été admis, en 1842,
en même temps que Monseigneur de la Bouillerie et
M. l'abbé Hiron, au Couvent de la Minerve, dans le tiers-
ordre de Saint-Dominique, par le R. P. Ajello, maître
général de l'Ordre.

La vue de cette nombreuse assemblée réunie pour rendre à M. Véron les derniers devoirs, la tristesse répandue
sur les visages faisaient comprendre que le diocèse de
Paris venait de faire une grande perte ; on s'apercevait

qu'un même sentiment animait tous les cœurs : le désir de donner à M. Véron un dernier témoignage de respect, d'affection et de reconnaissance.

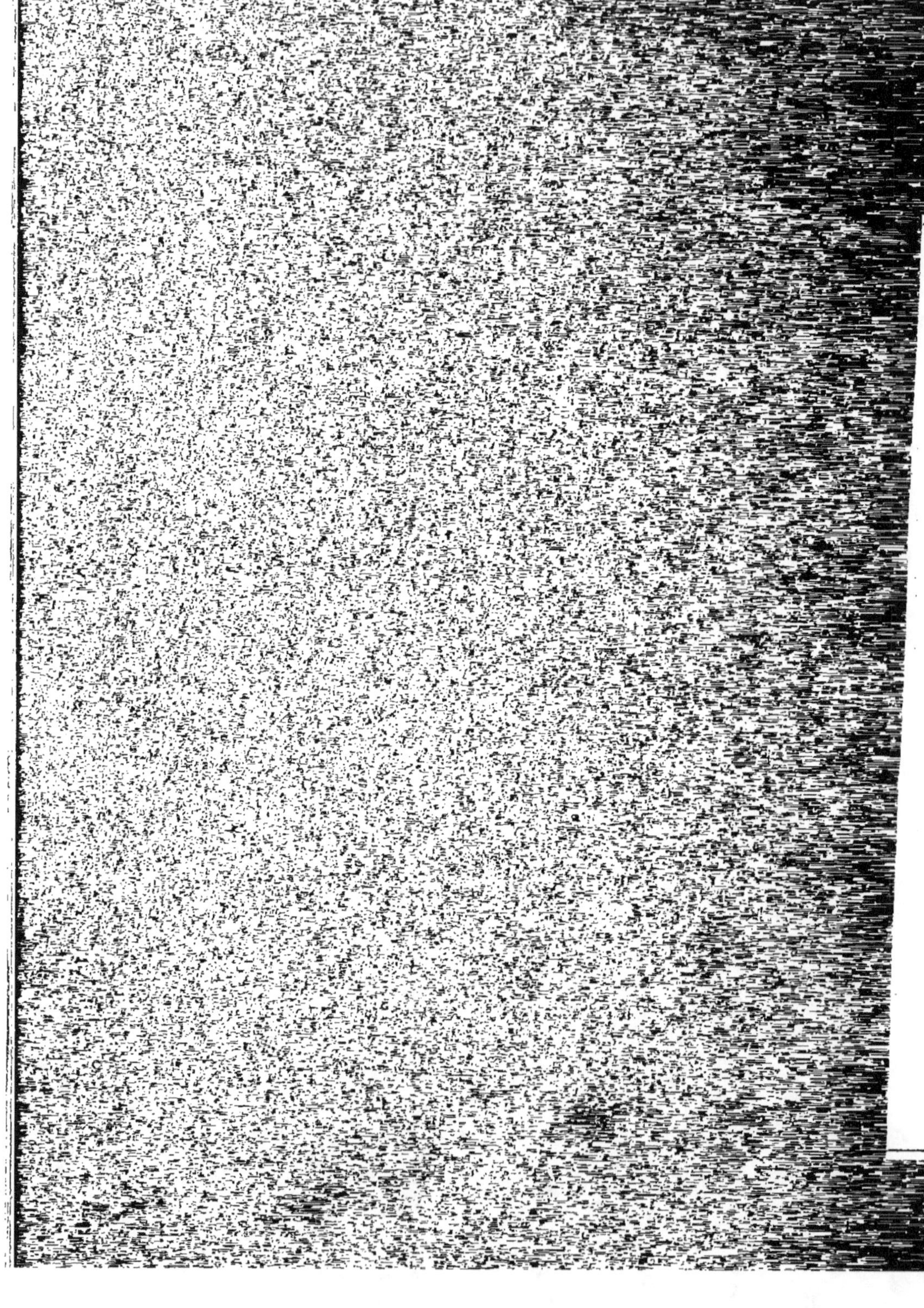